" 宝石のように美しい "

と称されるパフェをはじめ、

フォトジェニックなスイーツを作りだすのは、

岩柳麻子シェフ。

染色の仕事をしながら

独学でスイーツの道へ入ったという

独特の経歴を持つ、

業界でも話題のパティシエールです。

体力的に厳しいと言われ、

数が極端に少ない

女性のシェフパティシエールですが、

何故この道を選んだのか、

男性パティシエとの違いは何か……。

さくらんぼのパフェ
（パルフェ ビジュー シリーズ）

アサコイワヤナギといえば、"パルフェ ビジュー"（宝石のパフェ）と称される、芸術品のようなパフェ。
「瑞々しいサラダのように、食べ終わるまで楽しんで欲しい」とのシェフの言葉通り、食べ進めると徐々に軽やかになるよう計算された構成なので、最後まで飽きずに美味しくいただけます。

峠モンブラン

「自転車乗りに重要なのは"坂道"。登る時は苦しいですが、登りきった時の喜び、行く途中には道に栗が落ちていたり、と楽しい行程もある。そんな"峠感"を表現したかった」のが、ユニークな形のモンブラン誕生のきっかけだとか。
クリームの中のほうじ茶のゆべしが、新鮮なアクセント。

クレア

旬の果実のフルーツソースをしのばせたフロマージュブランを、純白の求肥で包んだ、大人気の定番商品。
「クレメ・ダンジュを求肥で包んで、中からソースが出てくるようなケーキがあれば、面白いかなと思って」と、楽しそうな表情で語るシェフ。
元々は「真っ白から浮かぶものはないか」と考えて思いついた、「白からインスピレーションしたお菓子」なのだそう。

パティスリィ アサコイワヤナギ

(PÂTISSERIE ASAKO IWAYANAGI)

パティシエールを目指す女性には
興味津々の、様々な疑問を伺ってみました。

**デザインの専門学校をご卒業されていますが、
この仕事に就いたきっかけはなんですか?**

――元々テキスタイルデザイナー（染色や織物などの繊維デザイナー）を目指していたので、高校卒業後は桑沢デザイン研究所のドレスデザイン科に入学しました。デザインの勉強をするかたわら、学費や教材費、生活費のために料理研究家のアシスタントや飲食店でのアルバイトを始めたのですが、それがフード業界に足を踏み入れるきっかけになりました。
祖母や母の影響で子供の頃から趣味でお菓子づくりをしていたこともあり、少しずつお菓子を作る楽しさ、素晴らしさに目覚めていき、この世界に入っていきました。

お菓子作りの原点となるようなスイーツはありますか?

――お菓子作りが好きだった祖母が、趣味半分仕事半分のような感じで、家でよくパウンドケーキなどを作っていたんです。その焼き立ての香りや、焼き上がったばかりの時と2，3日してからのしっとりした風味の違い、などを子供心に感じていたのを記憶しています。思えば、それが私のお菓子の原点ですね。

この仕事に向いているのはどういう人だと思いますか?

――どんな仕事内容でも真面目に取り組める人だと思います。パティシエールといっても、お菓子を作ることだけが仕事ではありません。店の掃除や、販売、そして新人の教育なども大事な仕事です。お菓子を作れないから、とすぐにイヤになってしまう方には、この仕事は難しいかもしれません。

**男性パティシエとの違い、
女性ならではの強みはあると思いますか?**

――男性も女性も、それぞれ強みはあると思いますが、一連の業務を並行してできる、というのが女性の強みではないでしょうか。客席からよく見えるガラス張りの場所でパフェを組み立て、厨房では生菓子やジェラートを作って、行ったり来たりしている。……こういった様々な作業の管理も、女性は意外とスムーズにこなしている人が多いように感じます。逆に男性には、先輩、後輩

● SHOP DATA
店　名　パティスリィ アサコイワヤナギ
　　　　　（PÂTISSERIE ASAKO IWAYANAGI）
ホームページ　https://asakoiwayanagi.net/

10　*Asako Iwayanagi, Special Interview*

等、しっかりとした縦社会があり、その関係性の中で助け合っていける強みがあると思います。男女の枠にとらわれず、自分自身の強みを活かしていくことが一番だと思います。自分の店も、男女というより、パティシエそれぞれの個性を活かすことで、現在のように成り立ってきました。

シェフパティシエは体力も重要かと思いますが、普段から体力作りに気をつけていることはありますか？
——趣味をかねた体力作りに、自転車によく乗っています。通勤も自転車ですし、休みの日もサイクリングを楽しんでいます。お店の定番メニューのひとつ「峠のモンブラン」は、サイクリング中に思いついたお菓子なんです。自転車は、お菓子作りのひらめきのきっかけにもなります。あとは、やはり睡眠はしっかりとることですね。

店内は、コンクリート打ちっぱなしのモダンなデザインで、客席からは、ガラス張りの工房で美しいスイーツが作られていく様子が、どの角度からもよく見えますね。このスタイリッシュな店舗は建築家のご主人設計とのことですが、岩柳シェフのこだわりは、どのあたりでしょうか。
——元々グレーや白や黒など無彩色が好き、というのはありましたが、無機質な空間に有機的なお菓子は映える、と思って、あえて店内はグレーを基調にしました。同じグレーでも素材による微妙な違いもあります。それらを生かしたお店にすれば、お菓子やフルーツがより綺

岩柳 麻子 *Asako Iwayanagi*

東京都出身。18歳の時に初めてフランスの地におりたち、その時に受けた刺激から、7年間にわたって独学でスイーツ作りを学ぶ。2005年に「パティスリィドゥ・ボン・クーフゥ」をオープンし、6店舗を経営。2015年12月には東京・等々力で、自身の名を冠した「パティスリィアサコイワヤナギ」を、2018年10月には本店隣に「アサコ イワヤナギ プリュス」をオープン。

ショーケースには色鮮やかなケーキたちが美術品のように輝く。

麗に見えるのではないか、と思ったんです。

忙しい合間にお菓子教室も開催されていますが、
習いにいらっしゃる生徒さんは、どんな方が多いのでしょう?
——セミプロの方が多いです。業務用のオーブンやショックフリーザーを使用して、お店で出しているケーキを実際に2時間で作るにはどのように組み立てるのかを体感してもらっています。みんな真剣です。今後の夢は子供たち向けに、家でも作れる簡単なお菓子を教えることです。

宝石のように美しいと言われている岩柳シェフの
スイーツの数々は、どのように考案されるのでしょうか?
——新しいお菓子を考える時には、まず「旬」から入ります。「旬」を取り入れたい、「季節感」を大切にしていきたい、と考えているので、旬の素材の色や味の組み合わせから、ケーキの形やテーマを考えていくと、おのずと新しいお菓子が生まれていきます。パフェも、旬のフルーツをいかに美味しくデコレーションするか、と考えていったのが始まりでした。
※こちらで使われる旬の果物は、ご主人宿澤巧さんのご実家が営む果樹園（宿沢フルーツ農園）で栽培される、フレッシュなフルーツや、全国のこだわりを持って果物を生産されている農家さんから取り寄せている。

今後はどんなお菓子に力を入れていきたいですか?
——チョコレートです。昨年隣に作った2店舗目の〈アサコ イワヤナギ プリュス〉では、焼き菓子、ジェラート、クレープ、チョコレートを取り扱っております。その中でも今後は、チョコレートをもっと究めていきたいですね。

パティシエールを目指している人へ、
一言アドバイスをお願いします。
——お菓子を作ることだけを追求している時期も必要ですが、パティシエールは、コミュニケーション力や、今現場で何が必要か、何を求められているかを考えられる瞬発力も大事な能力だと思います。そのためには、どんな仕事もなるべくNOと言わず、なんでもやってみること。その積み重ねが、自身の力になります。

※2018年10月11日に、パティスリィ隣敷地にオープンした2店舗目となる「アサコ イワヤナギ プリュス（ASAKO IWAYANAGI PLUS）」は、6つのカテゴリーの専門店。

■BISCUIT（ビスキュイ）
　焼菓子・タルト・ギフト
■GLACIER（グラシエ）
　ジェラート・アンポルテパフェ
■CHOCOLATIER（ショコラティエ）
　チョコレート
■CONFITURE（コンフィチュール）
　コンフィチュール・コンポート
■CREPIER（クレピエ）
　クレープ・ガレット
■CAFÉ（カフェ）
　スペシャリティーコーヒー・日本茶

持ち帰り用パフェ「パルフェ アンポンテ」も購入でき、プラス料金にて、ジェラートやフルーツのトッピングも可能。バリスタが提案する各スイーツに合う日本茶・コーヒーも楽しめます。

銀座、白金などのスイーツの激戦区でも多くの人気店を手掛けてきた岩柳シェフが、2015年12月に満を持してオープン。隣には2店舗目となる「アサコ イワヤナギ プリュス」があり、こちらではパフェのテイクアウトもできる。どちらも等々力駅から徒歩3分。

ADMIRABLE 6 PATISSIERES

憧れの6人のパティシエール達

岡田 礼子　　*Ayako Okada*

スイーツデザイナー／スイーツインストラクター
お菓子と食の教室 DRAGÉE（ドラジェ）代表

英国や米国などで学んだ海外のスイーツを日本で作りやすく、美味しく、フォトジェニックにアレンジ。東京・港区・麻布台にてサロンスタイルのレッスンを開催。HAPPY COOKING 東京 本校 元講師。2019年7月より、NHK 文化センター青山教室「美味しい！可愛い！Sweets decoration」講座担当。宮内庁御用達漆器店「山田平安堂」三代目長女。

HP　http://www.dragee.jp
Instagram　https://www.instagram.com/drageetokyo
FB　https://www.facebook.com/Dragee13

海外のフォトジェニックスイーツを、
日本で作りやすく、美味しくアレンジ

NY、LA、ロンドン、パリ……、海外には日本ではあまり見かけないフォトジェニックなスイーツがたくさんあります。ケーキのスポンジをあえて見せ、エディブルフラワーなどでナチュラルにデコレーションするネイキッドケーキ。パステル、グラデーションなど色彩が美しいケーキ。レインボー、ユニコーンなどポップなデザインのケーキ。海外でフォトジェニックなスイーツに出会う度に刺激を受け、日本に紹介したい思いに駆られました。念願叶い、英国のフォトジェニックスイーツの殿堂 Peggy Porschen Academy、シュガークラフトで有名なSquires Kitchen International School、オリジナリティー溢れるアイシングクッキーが人気のBiscuiteersなどで学び帰国。現在は「大人可愛い、フォトジェニックスイーツ」をテーマに、美味しくて作りやすいレシピを考案しています。デコレーションケーキを中心に、シュガーケーキ、アインシングクッキー、マクロビスイーツなどの技術をアレンジした多彩なスイーツレッスンを開催しております。

ピンク、ハート、フラワー、グラデーション……、
フォトジェニックなモチーフを集めて
Sweets Party！！

ロゼッタ（薔薇）絞りが可愛いピンクのローズケーキ、
海外のウエディングで大人気のネイキッドケーキ、グラ
デーションが美しいチーズケーキ、パリの有名店で定番
のルリジューズやハートのマカロンケーキ、バターサブ
レサンドなど。

カシスの
グラデーション・
レアチーズケーキ

SNS などで話題のグラデーション・チーズケーキ。カシスピュレで色付けたレアチーズ生地を薄い色から順にセンターに流していきます。クラストはブラックココアクッキーでスタイリッシュに。ピュレをマンゴーやいちごに変えればお好みのグラデーションカラーが作れます。

レモンバタークリーム・
ネイキッドケーキ

ネイキッドケーキ ―Naked Cake（裸のケーキ）―、ケーキのスポンジ
をあえて見せ、エディブル（食べられる）フラワーでデコレーションし
た海外で流行のナチュラルケーキ。ケーキの生地には刻んだレモンピー
ル、英国仕込みのバタークリームにはレモンカードやレモンゼスターを
たっぷり加えて、爽やかに仕上げました。

カシスのグラデーション・レアチーズケーキ

<材料>
（直径 15 センチ丸底抜け型、1 台分）
クリームチーズ（室温）220g、ヨーグルト（室温）180g、
グラニュー糖 60g、粉ゼラチン 10g、水 50g、キルシュ小
さじ 2、カシスピュレ大さじ 3 と 1/2、オレオクッキー 9 枚、
無塩バター 15g

<飾り用>
ブルーベリー、
ブラックベリー、
ミントなど適量

1. オレオクッキーを麺棒などで細かく砕き、溶かしたバターと合わせる。型の底に平らに敷き込み冷やしておく。

2. 小ボウルに水とキルシュを入れ、粉ゼラチンを振り入れる。しっかり混ぜてふやかしておく。

3. ボウルにクリームチーズ、グラニュー糖、ヨーグルトの順に入れ、その都度ゴムベラでクリーム状に混ぜる。

4. 2を湯せんで溶かし、漉しながら3に加え混ぜる。

5. 2つのボウル（❶約 200g、❷約 310g）に分ける。❷のボウルにカシスピュレ大さじ1を加えて混ぜる。

6. ❷のボウルを3つ（ⓐ約 140g、ⓑ約 100g、ⓒ約 80g）に分ける。ⓑにカシスピュレ大さじ1、ⓒにカシスピュレ大さじ1と 1/2 を加えて混ぜる。

7. 型に❶の生地を流す。続いてⓐ、ⓑ、ⓒの順に生地を流していく。そのとき型の中心にゆっくりと静かに流していき、グラデーションを作っていく。

8. 冷蔵庫でしっかり冷やして固める。型から外して、ブルーベリーやエディブルフラワー、ミントなどを飾る。

レモンバタークリーム・ネイキッドケーキ

<材料>

＊レモンバターケーキ
（直径12センチ丸型、2台分）
無塩バター（室温）130g、
グラニュー糖130g、たまごL
サイズ（室温）2個、薄力
粉130g、B.P. 小さじ1、塩
ひとつまみ、刻みレモンピー
ル60g

＊レモンシロップ
グラニュー糖50g、水50g、
レモン果汁大さじ2、レモン
リキュール小さじ2

＊レモンバタークリーム
無塩発酵バター（室温）
100g、粉砂糖100g、レモン
カード30g、レモンの皮のす
りおろし1/2個分、塩ひとつ
まみ、エディブルフラワー（飾
り用）適量

1   レモンバターケーキを作る。型の内側に無塩バター（分量外）を塗り、底に紙を敷いておく。

2   ボウルにバター、グラニュー糖、塩を入れ、白っぽくなるまでハンドミキサーで混ぜる。卵を少しずつ加え、混ぜる。

3   薄力粉とB.P.をふるって加え、ゴムベラで混ぜる。レモンピールを加えて混ぜ、二等分して型に流し、170度に温めておいたオーブンで約35分焼く。

4   小鍋にグラニュー糖と水を合わせ一煮立ちする。冷めたらレモン果汁とリキュールを加え、シロップを作る。

5   焼き上がったスポンジは、冷めてから2枚にスライスする。

6   ボウルにバターと粉砂糖を入れ、白っぽくふわふわになるまでハンドミキサーで混ぜる。塩、レモンカード、レモンの皮を加えて混ぜ、レモンバタークリームを作る。

7   スポンジにシロップを塗り、バタークリームを塗ってスポンジを4枚重ねていく。

8   重ねたスポンジの周りにバタークリームを薄く塗り、仕上げにエディブルフラワーを飾る。

ルリジューズ・ストロベリー

パリの老舗パティスリー、ラデュレの定番スイーツ
を作りやすくアレンジしました。濃厚なカスタード
がたっぷり詰まったシューに、いちごチョコレート
をディップして、ミニシューを重ねます。お子様も
食べやすいお味です。

ルビーガナッシュ・ローズケーキ

NYの街角でよく見かけるデザインを、話題のル
ビーチョコを使ったガナッシュで仕上げて。バニ
ラスポンジにフレッシュなラズベリーを挟んだ断
面とアンティークピンクのガナッシュの色合いが
お気に入り。

ハート・マカロンケーキ

ハート形のマカロンはヴィヴィッドなラズベリーピ
ンクにしっかり色付けて焼き上げます。中央には
カスタード、サイドにはフレッシュラズベリーを並
べて。バレンタインにもぴったりなスイーツです。

ルビーガナッシュ・バターサブレサンド

発酵バターの香り高い、サクサク＆ほろほろの
バターサブレにバタークリームを挟んで。ク
リームはバニラ、レモン、ガナッシュ……、何
でも合います。ケーキをデコレーションした余
りのクリームを使っても良いですね。

中村 仁美　*Hitomi Nakamura*

ル・コルドン・ブルー菓子ディプロマを取得。首席
で卒業後、東京自由が丘 パティスリーパリセヴェイ
ユにて研修を受ける。神戸のパティスリーやレスト
ランでパティシエとして働いた後、仁美お菓子教室(現
MAISON DE HITOMI お菓子教室)を開始。みかんを
使ったクリスマスケーキコンテストで「最優秀トシヨロ
イズカ賞」受賞し、鎧塚シェフとのコラボレーション
でトシヨロイズカ東京ミッドタウン店にて受賞ケーキ
が販売される。菓子製造業、食品衛生責任者を取得。
現在は、お菓子教室を主宰する傍ら、菓子販売、六
甲山サイレンスリゾートのレシピ開発をするなど、レシ
ピ提供も行っている。

HP　maison-de-hitomi.jp
Instagram　@ maison_ de_hitomi

生花のある空間で、季節のお菓子を楽しむのが、当教室の特長のひとつです。

レシピを考える際は、家庭でも作りやすいことを大切にしつつ、「これホントに作ったの?」
と言われるような工夫もしています。どのレシピにも閃きから生まれるアイデアが盛り込
まれています。長く通ってくださる生徒さまが多いのは、味を気に入ってくださっている
だけではなく「サヴォワにざらめを加える」「タルト生地を落花生で作る」といったアイ
デアに楽しさや驚きを、感じてくださっているのかもしれません。
完成したお菓子を、遠方の生徒さまにも崩さずそのままの形で持ち帰ってほしいので、
ラッピングとお菓子のサイズがぴったりになるように考えています。ラッピングアイデアも
楽しみにしてくださる生徒さまが多いです。
今までに数多くのオリジナルレシピを考えてきました。そのお菓子たちが実際に六甲山
サイレンスリゾートのカフェテリアメニューになっていることは夢のようです。

Texture & Flavor

スポンジやケイクの、キメ細か
くしっとりとした食感、そして
素材本来の風味やコクを生か
した上品な甘さは、女性だけ
でなく男性からも好まれていま
す、見た目だけでなく口にする
と分かる手作りを超えたクオリ
ティー、エレガントな雰囲気漂
うスイーツです。

Heartfelt & Commitment

マカロンは専門店で仕事をしていたこともあり、
思い入れの大きいお菓子です。マドレーヌも
ガレットも、こだわりが詰まった絶品です。

LESSON MENU

焼き菓子好きならではのメニューも多く
レッスンしてきました。ゴーフルもケイクも、
伝え続けたいレシピです。

落花生のフルーツタルト

<材料>

タルト
落花生55g・粉糖20g
薄力粉20g・卵白10g

飾り
インスピレーションフレーズ適量
お好みのフルーツ適量

パティシエール
卵黄10g・グラニュー糖30g
バニラビーンズ1／4本
薄力粉5g・コーンスターチ5g
牛乳90g・ラム酒3g
バター8g・生クリーム30g

1　フードプロセッサーに落花生・粉糖・薄力粉を入れる。

2　落花生の食感が残る程度まで砕き合わせる。

3　ボウルに生地を移し入れ卵白を加え混ぜる。

4　タルトリングに敷き込み180度で約18分焼く。

5　インスピレーションフレーズを塗る。

6　パティシエールを炊き生クリームと合わせる。

7　ディプロマットクリームを絞り入れる。

8　フルーツを飾る。

サヴォワ

＜材料＞

生地
- ・卵黄60g
- ・上白糖35g
- ・はちみつ8g
- ・牛乳5g
- ・サラダ油7g
- ・薄力粉40g

- ・コーンスターチ40g
- ・米粉10g
- ・卵白120g
- ・上白糖60g

飾り
- ・バター適量
- ・グラニュー糖適量
- ・ざらめ適量

1　　　　*2*　　　　*3*　　　　*4*

5　　　　*6*　　　　*7*　　　　*8*

1　型にバターを塗りグラニュー糖をまぶし付け冷やす。

2　卵黄・上白糖35・はちみつを泡立てる。

3　牛乳・サラダ油・粉類を順に入れ混ぜる。

4　卵白・上白糖60でメレンゲを立てる。

5　3と4を合わせる。

6　型に流し入れる。

7　生地の表面にざらめを散らす。

8　180度で約35分焼く。

ピスタチオケーキ

贅沢なピスタチオケーキは、秋冬のカフェテリアメニュー
にもなっています。手作りだからこそできるリッチさは、
虜になる生徒さまも大勢いらっしゃいます。

スペシャル
ショート
ケーキ

チュロス

冷めても美味しい工夫をしています。
レッスンではホットチョコレートにディップして
お楽しみいただきました。

求肥で包んで作る、和と洋を組み合わせたクリスマス
ケーキ。私がレシピ作りで大切にしている驚きを存分
にお楽しみいただけるレシピです。

トマトゼリー

トマトと柚子を合わせた毎年レッスンリクエ
ストがある人気メニューです。トマトゼリー
のイメージが変わる生徒さまが、たくさんい
らっしゃいます。

金丸 佳子　*Yoshiko Kanamaru*

ケーキデザイナー

アメリカ Wilton 社リードトレーナーを経て、『Cake design-hane』を主宰。Wilton Award では日本唯一のシカゴ本社殿堂入りを果たし、ブラックエプロンを獲得。現在は Wilton のほか自らで考案したオリジナルのケーキデコレーションレッスン各種を、神奈川・東京・大阪にて開講中。

HP　http://cake-design-hane.com/

箱を開けた時にあふれる、
幸せな笑顔と歓声に想いを馳せて

美味しさとデザイン性にこだわったデコレーションケーキを作ります。個々の絞りのテクニックの習得はもちろん重要ですが、ケーキ全体をトータルでバランスよくまとめる力を育てて欲しいと思います。お花も1輪ずつ表情が異なる様に、生徒さんが絞られるお花も、完成したケーキも個性豊かに完成します。「どんなお花の組み合わせにしようかな」「色合いをどうしようかな」など試行錯誤しながら、デコレーションケーキを仕上げていくアッセンブリの時間はとてもワクワクで魅力的なひと時。差し上げる相手を想い、一緒に召し上がるご家族や仲間との時間を楽しみに、心を込めて仕上げるケーキは世界でたった1つのスペシャルケーキです。ステップアップしながら幅広くケーキデコレーションを学ぶオリジナルコースレッスンの他、各種1dayレッスンも開講しています。

大切な想いを伝えたい
ペパーミントグリーンの
プレゼントケーキ

上質なバタークリームで小さなお花を
絞った清楚で可憐なイメージのケーキで
す。ペパーミントグリーンの生クリームは
縦ストライプのラフなナッペで仕上げまし
た。プレーンスポンジを使用し、フィリン
グはフレッシュな苺とブルーベリーです。

Was immer du tun kannst oder erträumst zu
können, beginne es.Kühnheit besitzt Genie,
Macht und magische Kraft. Beginne es jetzt.

32

お世話になった方に差し上げたい
ベイビーピンクのローズケーキ

優しいピンク色でローズを絞り、リース風
にデコレーションしました。モカスポンジ
を使用し、フィリングはダークチェリーで
す。クリームのカラーリングはとても重要
なポイント。お花はもちろん、グリーンも
2〜3色用意をします。カットした際の色
合いも大事ですね。

さりげなく感謝の気持ちを伝えたい
スクエアのフラワーケーキ

白、黄色、オレンジ、グリーンを基調にした長方形
のデコレーションケーキです。カットした際、抹茶
スポンジにフィリングしたマンゴーのオレンジ色が映
えるシンプルなデザインで仕上げました。

美味しいバタークリームレシピ

口あたりの軽い美味しいバタークリームの作り方をご紹介します。作業工程も難しくなくクリームの安定性もよいので、口金を使用した「絞り」にも適しています。無塩バターはしっかりと常温に戻しておく事が重要なポイント。保存期間は冷蔵庫で1週間、冷凍庫で2週間をおすすめします。

＜材料＞
・カルピス無塩バター 150 g
・卵白 100 g
・グラニュー糖 100 g
※他の無塩バターでも可

＜下準備＞
・無塩バターは常温に戻す
・湯煎用に鍋にお湯を沸かす

1　ホイッパーで卵白のコシをほぐし、
　　グラニュー糖全量を加える。

2　材料を湯煎にかけ、ホイッパーで常に軽く混ぜながら
　　60℃になるまで温める。60℃になったら湯煎から外す。

3　ハンドミキサーを使用し、
　　2を撹拌してメレンゲをたてる。

4　硬くしっかりとしたメレンゲになればOK。
　　ボールの底の粗熱がとれているか確認する。

5　常温に戻した無塩バターを4〜5回に分けて加え、
　　ハンドミキサーで都度混ぜる。

6　無塩バターを加えたらハンドミキサーの速度を低速にし、
　　引き続き混ぜる。

7　クリーミーな状態になればOK。
　　お好みでレモンエッセンス等を加える。

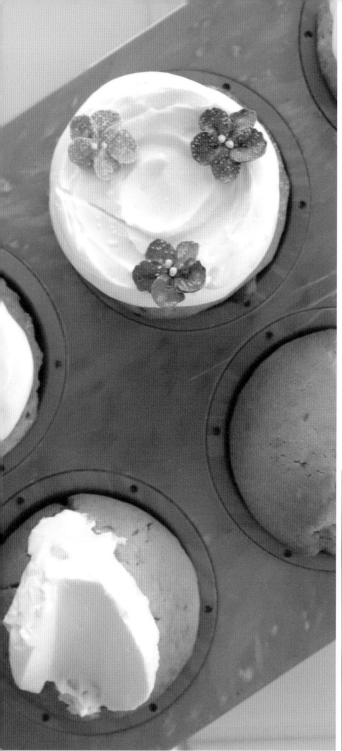

バイオレットのカップケーキ

ブラウンシュガーを使用したプレーンカップ
ケーキにたっぷりクリームをラフにの
せ、濃淡パープルのバイオレットを絞りま
した。手づくりのメッセージピックを添え
ればより可愛さが UP します。

Yumi

Sugar Cake Designer
シュガーデコレーション教室 SUGAR PRINCESS 主宰

京都市生まれ　神戸市在住
高校時代からアトリエにて絵画、デザイン、造形を学ぶ
関西女子美術短期大学卒
1999 年より Sugar Art を国内外にて学ぶ
2015 年より SUGAR PRINCESS としてシュガーアートが学べる教室を開始

大好き♡この気持ちがずっとずっと続いてます

Sugar Artを始めて20年、ずっと大好きな気持ちは色褪せる事なく私の生活に溶け込んでいます。17歳の夏、ホームステイ先のカナダでホストファミリーが私の為に作ってくれた Sugar Cake を始めて目にした瞬間から私の物語は始まります。鮮やかなグリーンカラーの Cake は手作りのラズベリージャムをサンドした甘くて、とても特別感のあるケーキでした。小さな頃からお菓子作りや絵を描いたりと、とにかく創作する事が大好きだった私にとってその全てが詰まった甘い香りのする Sugar Cake は魅力的な存在となります。ずっと憧れの思いを抱きながら学生から社会人となった私は趣味として Sugar Art を 習い始めるのですが、いつしか人生を彩る大切な存在へと変わっていきました。お砂糖が織りなす無限の世界は、学生時代にアトリエで過ごしたかけがえのない時間と沢山訪れた海外で感じた事の全てが財産となりカタチとなり、今は愛おしい娘と一緒にお砂糖の物語は続いてゆきます。

Pink Rose の
Wedding Sugar Cake

Wedding Cake は世界中の女性にとって憧れの Cake です。シンプルで高級感のあるエレガントなドレスとバラのブーケをイメージしました。幸せがギュッと詰まった Pink Rose ブーケから永遠の愛が溢れだしています。

Baby Birthday Cake

シュガーアートの本場イギリスではベビーシューズは幸せを運んできてくれるハッピーアイテムとなっています。世界で１つの Sugar Cake には、名前や日付を入れたりして特別♡を楽しむ事が出来るのも魅力の１つです。ダミーケーキを使用すれば長期保存も可能になります。

作る♡食べれる♡飾れる♡
Sugar Cake

シュガーペーストを使用した Cake やロイヤルアイシングで
お花絞りをしたパーツを飾った Cake などシュガーアートは
お砂糖をペーストやクリームにした状態から様々に細工す
るので想像力を膨らませて楽しく作る事が出来ます。

お花絞りのビスケット

<材料>
ロイヤルアイシング
フードカラー
ビスケット（クッキーや角砂糖も素敵です）
口金／#102／#1／#5
絞り袋

1　口金#102の太い方をベースに着け、細い方をベースから少し浮かせて矢印の様に2回上下して絞ります。

2　1枚目の花びらの下に口金を差し入れて花びらを少し押し上げるように2枚目を同じ様に絞ります。

3　3枚目の花びらを同様に絞ります。残りの枚数の花びらが入るように大きさに気を付けてください。

4　同様に、4枚目の花びらを絞ります。

5　5枚目の花びらを絞り、口金#5で、花芯を絞ります。

6　6枚の花びらにしたり、お花の色によってもキュートにもエレガントにも多様に雰囲気が変わります。

7　ビスケットに口金#1でパイピングします。イニシャルを入れればWeddingなどのギフトにもなりますよ。

8　乾燥させたお花の裏に多めのロイヤルアイシングで接着して完成です。

Sugar Flower のフィナンシェ

<材料>
フラワーペースト
ロイヤルアイシング
フードカラー
フィナンシェ（または、お好みの焼き菓子）
クリスタルシュガー
シュガーの基本ツール一式

1 フラワーペーストを薄く伸ばして、フラワーカッターで花の型を抜きます。

2 スポンジパッドの上に置き、花の周囲をボーンスティックで軽く撫でるようにしてエッジを整えます。

3 スポンジの窪みにお花を置き、ボーンスティックでお花の中心を軽く押し自然なお花のカーブを作ります。

4 ロイヤルアイシングで花芯を絞ります。

5 市販のクリスタルシュガーにフードカラーを少量混ぜるとオリジナルのキラキラシュガーが作れます。

6 キラキラシュガーでキュートなお花に仕上がります。他に葉っぱなどのパーツがあると華やかになります。

7 フィナンシェにロイヤルアイシングでパイピングすると華やかさが増して素敵になりますよ。

8 飾りたいパーツの裏に多めのロイヤルアイシングで接着して完成です。

Cinderella shoes Cake

シンデレラが王子さまと出逢い再会するまでの物
語を Cake に込めてみました。お花などに色を付
けて結婚式場に飾ったり、Gift としても素敵だと
思います。

Blue Wedding Cake

物語の中のシンデレラは謙虚な心と自然を愛する
女性です。彼女ならケーキやテーブルに飾る花はど
んな花を選ぶでしょうか。シンデレラの美しい心の
中を思い描いてみました。

Pink Rose
～ Piping Flowers ～

お花絞りで可能な限りの薄い花びらを絞りました。可憐で甘い香りが漂ってくる錯覚さえ感じるような雰囲気になりますように。思いを込めて創りました。

Flower Garden
～ Piping Flowers ～

可愛らしい花々のフラワーガーデンをイメージしました。ロイヤルアイシングで一つ一つ丁寧に絞ったお花たちには、お花絞りの様々な技術が詰まっています。

中島 淑子　*Yoshiko Nakajima*

都内で会社員をしながら、代官山のお菓子教室で3年間洋菓子を学ぶ、その後、会社を辞めて一人で自宅にて洋菓子の注文販売を始める。同時に銀座や渋谷、自由が丘などのカフェにお菓子を提供する。

2006年　清澄白河にパティスリーアンドウ本店をオープン
2009年　JR日暮里駅構内にエキュート日暮里オープン
2010年　アリオ北砂店オープン（2016年クローズ）
2012年　ルミネ北千住店おオープン（2018年クローズ）
2016年　清澄白河本店を拡張の為移転
2017年　テルミナ錦糸町店オープン

現在は企業のパーティー、ウェディングなどのデリバリー事業も展開する。

製作協力：森本和也
撮影協力：BUTTERFLY DECO

美味しいだけじゃない、
嬉しくてウキウキする気持ちになるスイーツを。

もともと食べることが大好きで、とりわけ子供の頃に父がお土産に時々ケーキを買ってきてくれた時の飛び切り嬉しくウキウキする思いで。洋菓子は私の中で美味しいだけではなく、日常に幸せやワクワクする気持ちも一緒に届けたいという思いがあります。

粉、卵、生クリーム、バター、など極めてシンプルな材料で作るからこそ、素材選びは本当に大切に、妥協せずに自分が美味しいと納得したお菓子だけをお客様にはご提供したいと思っています。

イチゴのタルト　　　タルトは私の大好きなお菓子の一つ。
季節により様々なフルーツでおつくりしています。

チョコレートケーキ

生地にもクリームにもチョコレートを。極めてシン
プルなチョコレートケーキは、特に男性に人気です。

モンブラン

一番下にサクサクのサブレ生地、その上に栗の渋
皮煮。クリームは2種類の栗のペーストを合わせて
います。秋には特に人気です。

焼き菓子たち

焼き菓子も私がとっても大好きなお菓子。発酵バター
や、小麦粉、アーモンドパウダー、ともかく材料選び
は慎重に、サクサクしっとり、シンプルな材料から様々
な焼き菓子が生まれます。

スクエアケーキ

結婚式はもちろん様々なお祝いの席に登場します。
フレッシュなフルーツと生クリームの大きなケーキをお届けした時の
お客様の歓声はパティシエならではの喜びです。

青いバラの飴細工　　　こちらはウエディングの代表的なケーキ。

飴細工は繊細な手仕事、根気と集中力が必要です。

パーティーロール

名前の通りパーティーのために作った48cm
もあるデコレーションのロールケーキ。子供た
ちが大喜びで回りを囲みます。

マングーココ

こちらは初夏から8月いっぱいまでの季節のケーキ
です。マンゴーと中に潜んだフランボワーズのムー
スが絶妙なバランス。

フレーズフロマージュ

下の生地の部分は濃厚なベイクドチーズケーキ、
上はさわやかな甘さのイチゴのムース。一つのケー
キで2つの違った味わいが楽しめます。

平岡さち

Sachi Hiraoka

お花しぼり専門教室講師／サロン起業コンサルタント

あんこ・クリーム・チョコ・アイシング・キャンドル…あらゆる材料を
可愛いお花に変身させる、ふんわり可愛い独自の世界観で多くのファン
を魅了しインスタグラムはフォロワー1万人を突破。国内だけでなく
海外からもレッスンを受けに来る人気講師。「好きなことで輝く女性を
応援したい」という思いで、講師業にとどまらず、SNSを使った集客
講座やオンラインサロンを運営するなど多方面で活躍中。

Instagram　https://www.instagram.com/atelier.mieux/
Homepage　https://ateliermieux.net/
Blog　https://ameblo.jp/s-magica/

①お花しぼりとは…

ケーキをデコレーションするときに

使うしぼり袋の中にクリームを入れ…

フラワーネイル ＋ しぼり袋 口金

たったこれだけ

こんにちは！
講師の平岡さちです
お花しぼりについて説明します♪

②お花をしぼり出す技術のコト

わぁ！！ まほう みたい

③しぼり袋を使ってクリームを出していくのですが

口金を寝かせるとひらたいお花　　口金を立てると立体的なお花

Point

という具合に角度・枚数・力加減によって
様々なお花が絞れるのです。

④出来上がったお花をデコレーション♡

これが一番楽しい時間で
皆さん笑顔が止まりません♡

葉っぱもつぼみも口金で
絞ってつくります。

⑤しぼり袋の中はさまざま。私の教室では

あんこ　　アイシングクッキー　　チョコ

バタークリーム　　キャンドル

のレッスンをしています。

⑥スイーツは美味しく食べることができますし
キャンドルはインテリアとして飾っていただくことができます。

主人や子供たちが
「ママすごい！！」と
大喜びしてくれました

キャンドルをお部屋に
飾っているといい香りで
癒されます。
夢中になれる趣味ができて
自分に自信がつきました！

フラワーケーキを差し入れしたら
みんなに褒められて嬉しかったです♡

楽しくて可愛いみんなが幸せになるお花しぼり。
ぜひ作りに来てくださいね！！

イラスト：まめ

甘くて可愛いお花しぼりの魔法
あんこで作るフラワーボックスケーキ

色とりどりのあんこで美しいお花をたくさん敷き
詰めました。白あんを着色することで本物みたい
なお花を作ることが出来るのです。

さまざまな業種の講師さんが集まる　夢を叶えるランチ会を主催

W（ライター）：さち先生の作品は繊細で可愛らしいですが、もともとそんな器用だったのですか？

S（さち先生）：いえいえ、お料理上手なママ友のSNSを見るたびに自己嫌悪するくらい不器用でした。趣味も欲しくて色々手を出しましたが、長続きせず余計に自信がなくなったりして……。どこにでもいる普通の主婦でしたよ！

W：そうだったのですね！

S：きっかけは子供の誕生日に、キャラケーキを作りたくてネットで調べているうちにアイシングクッキーの存在を知ったんです。
見た瞬間「可愛い！」と衝撃をうけるほどときめき、自分の手でこんな可愛いクッキーを作れたらどんなにいいだろうと思いました。
でも、当時のわたしは「主婦の習い事なんて何の意味があるんだろう」って思っていたんです。誰の役に立つわけでもないし、お金を浪費するだけじゃないかって……。けれど、ネットで見つけたクッキーは本当に繊細で可愛くて。「どうしても作れるようになりたい」という葛藤で、しばらく悶々としていました。

W：すごくわかります。子育てと家事に追われていると、自分の楽しみとかつい後回しにしちゃうんですよね。

S：そうなんですよ。

でもどうしても諦めきれなくて。思い切って受講したアイシングクッキーのレッスンは本当に楽しかったです。自分の手で可愛いものを生み出し、自分の世界を表現できるということがこんなにも心を満たしてくれるものなのかと驚きましたね。
そして、私の考えを180度変えてくれたのがレッスン後の気持ちの変化です。まず、レッスンを終えると家で待っていてくれた子供達や主人に感謝の気持ちが溢れてきて。「本当に楽しかった！　ありがとう！」と笑顔で言えたんです。それまで、子供を預けた時は「ありがとう。ごめんね」と言っていたんですよね。

W：それは似ているようで全然違いますよね！

S：主人からも「習い事を始めてからよく笑うようになった」と嬉しそうに言われました。
自分の心が喜びであふれている時は、笑顔や感謝の気持ちが自然と湧いてくるんだと知りましたね。
そして、大好きな趣味が出来たことで毎日がとても楽しくなりました。生活にメリハリがつくようになり、繰り返しの毎日がキラキラ輝きだしたような感じでした。大げさじゃなく習い事が生活全部、いえ、人生全部を楽しい時間に変えてくれたんです。
それまでは家族の為にって無意識のうちに自分を後回しにしがちでした。でも本当は好きなことを我慢せずに、ママや奥さんが笑っていた方が家族は幸せなんだと気づかせてもらいました。そして当時の私のような女性に、自分の「好き」という気持ちを大切にする幸せを知ってもらいたい！　その幸せが家族や周りも幸せにするという素敵な循環をスタートさせるお手伝いができたら最高に嬉しい！　という思いで教室をスタートしました。

W：なるほど。さち先生の教室は可愛いものを作り出すだけではなく、ママさんや女性の幸せひいては家族の幸せを作り出す教室なんですね！
ちなみに教室運営は、最初から順調だったんですか？

夢が叶う世界を作りたい。

住吉大社駅から徒歩1分　大人可愛いプライベートサロン

S：いえ、それが軌道に乗るまでは大変でした。
教室を始めた当初は、資格や技術があれば生徒さんは勝手に集まると思っていました。けれど、実際は関西で数人しか持ってない難関資格を取っても生徒さんは思うように増えませんでした。すごく自信を無くしたし、落ち込みましたね。

W：そんな過去が……！
そこからどうやって今のような全国から生徒さんが通う人気教室になったのですか？

S：まず、売れている先生を研究することから始めたのですが、気づいたのは「生徒さんは作品だけを見ているのではないということ。『この人から習いたい』と思うからレッスンを申し込む」ということでした。よく考えたら当たり前なんですけど、そこに気付くまで時間がかかりました。そこからビジネスの勉強を始めブログやSNSの発信方法を変え、たった3ヶ月で国内だけでなく海外からも生徒さんが来る教室に成長させることができたのです。

W：「作品」や「技術」だけではなく、「人」で選ばれるのだ、というのは非常に深いですね。

S：もちろん技術も大事なのですが、それ以上に世界観を明確にすること。そして自分を「魅せていく」ことがとても大切になってきます。
同じように講師業をしている方の中には、技術があるのに集客が出来ず辞めてしまう方も少なからずいて、せっかく大好きなことを見つけてそれを仕事にできているのにすごく悲しいなと感じました。
なので、今度は私が成功した方法を伝えて、サロン講師を夢見る女性を応援する活動をしていきたいと思っています。「安いから」とか「近いから」という理由ではなく「あなただから習いたい」と思われるような。「選ばれて、愛される教室」を作っていくお手伝いをしたいですね。

W：なるほど、さち先生のコンセプトは「否定のない世界で、応援されながら夢を叶える」でしたね！

S：そうです。自分ひとりではなくみんなで夢を叶えたいと思っています。
私は、夢を叶えられるのは、一握りの特別な人だけだとずっと思い込んでいました。でも、そうじゃなくて、夢を叶える人というのは「行動した人」なんですよね。行動だけが人生を変えます！！
そしてすごく大きなことを語りますが、自分が夢中になれることに出会い、夢を叶えて毎日をイキイキと過ごしていたら、その背中を見ている子供たちは「夢は叶うんだ」と思えるようになるだろうし、そんなママの姿を見て育てった子はきっと大人になるのが楽しみになると思うのです。
そういう子供たちが担っていく社会は、夢を心に描くことが当たり前で今よりずっとワクワクしたものになるんじゃないかと思っています。
もちろんいきなり世界を変えることはできないので、まずは私に出会ってくれた人達にはそんな世界があるんだってことを感じてほしいですね！！

W：最後には、習い事の枠を超えて、夢を叶えるというテーマで理想の未来を語ってくれたさち先生。
みんなの夢が叶う世界を作りたい、という強い信念に心打たれました。
　　　　　　　　　　　　　ライター：わたなべさゆり

「自分軸で叶える理想のサロンの作り方」
無料メール講座の登録はこちら

グルテンフリー☆可愛すぎる あんフラワークッキー

<材料>	<道具>
白あん100g	絞りぶくろ
粉寒天5g	フラワーネイル
卵黄10g	バラ口金
練乳5g	リーフ口金
アーモンドプードル15g	クッキングシート
着色料　適量	
抹茶粉末　適量	

1

2

3

4

5

6

7

【応募方法】
① atelier.mieux をフォロー
②この本の画像を投稿
③ #極上あんフラワークッキー
@atelier.mieux のタグ付け
で応募完了

DMにて
動画URLを
お送りします。

8

1　すべての材料をボールに入れゴムベラで混ぜる。

2　生地を3:1にわけ、ローズと葉の着色をする。

3　フラワーネイルに1.5cmの土台をしぼる。

4　口金の太い方を下にしてまっすぐに構え、
　　絞りながらフラワーネイルを 反時計回りに回す。

5　花芯より口金を高い位置に構え斜めに絞る。

6　Uの字を描くように花弁を5枚絞る。
　　口金を外側にひらきさらに5枚花弁を絞る。

7　160度のオーブンで15分〜20分焼く。
　　翌日は軽くトースターで焼くとサクサクが戻ります。

8　【インスタグラムフォロワー限定プレゼント企画】
　　あんフラワークッキーのレッスン動画をプレゼントします。

特別なパーティーに
ぴったり！
フラワーカップケーキ

シンプルなカップケーキやマ
フィンの上にお花をデコレー
ションするだけでこんなに
華やかなケーキのできあが
り！ 出来るママって鼻が高
い!! みんなのびっくりする
顔が目に浮かびますね！

箱まで全部
食べられる！
チョコレートで作った
フラワーケーキ

チョコレートを着色して絞る
繊細なお花の数々。見てる
だけでうっとりする美しいお
花畑のようなフラワーケーキ
です。

SWEETS
RESEARCHERS

お菓子研究家

ゴージャスなケーキの
裏にひそむ
努力のストーリー

数多くのレシピ本の出版、青山の自宅サロンでのお菓子
教室、本社・横浜・大阪と三か所でのNHKカルチャー
センターの講師、アイスクリームショップの監修、TV
出演など、キラキラと活躍する木村幸子さん。この皆が
憧れる華やかな表舞台に出るまでには、どのような道程
があったのでしょうか。

紅茶の世界から、お菓子の世界へ

Q1. この仕事についたきっかけは？

——10代の頃から趣味でシェフにお菓子を習ってい
ましたが、それとは別に、学生の頃から紅茶の勉強
もしていました。ティーインストラクターの資格を
とって、時々先生の代わりにカルチャーセンターで
教えるようになりましたが、講座の度にお茶請け用
のお菓子を持っていかなくてはならなかったんで
す。生徒さんはパンやお菓子の先生、口の肥えたマ
ダムなどが多く、お菓子作りにも気が抜けません。
毎回オリジナルのものを工夫して作っていたら、「出
てくるお菓子が美味しい」と、徐々に評判になって
いきました。「教えて」という方も増え、自分自身

ケイク・オ・カシス
スパイスを加えて作ったイチジ
クの赤ワイン煮と、自家製のカ
シスのシロップ煮を、生クリー
ムやカシスピューレ入りの生地
に練りこんで作った爽やかなケ
イク。表面はカシスフォンダン
でデコレーションし、華やかな
印象に。

ムース・ヤウール
ヨーグルトのムースの中に柑橘のジュレと、ルビーチョコのムースを合わせた口どけの良いアントルメ。バレンタイン仕様に、ルビーチョコを使って愛らしい仕上がりに。

もお菓子作りが楽しくなってきて、だんだんと本格的な仕事になっていったんです。

Q2. 現在に至るまで、どのような勉強や経験を積まれましたか？

——大阪に住んでいましたが、お菓子は東京やフランスまで習いに行っていました。ル　コルドン　ブルーでパティスリーディプロムを取得した後は、フランス国立製菓学校にも留学し、世界から集まってきた職人と一緒に、スタージュ（※インターシップ）を経験しました。その他、フランスのリッツ　エスコフィエやエコール　ルノートルで研修したり、今田美奈子お菓子教室の製菓コースで師範資格を取得したり、他にも様々な国内外の有名シェフに師事しながら、勉強しました。

費やしたお金と時間を無駄にできない…

Q3. お菓子教室を開いたきっかけは？

——フランスの国立製菓学校では、1週間で4人の有名シェフから習えたり、MOF（フランス最優秀職人）に直接指導を受けるなど密度が非常に濃かった分、レッスン料も半端なく、半年で数百万にもなってしまったんです。せっかくここまでして学んだのだから、今度はお菓子の魅力を広めていきたいという気持ちが強くなって、きちんと教室として看板を出すことにしました。

Q4. 最近の主な活動を教えてください。

——教室やカルチャーセンターでの講座も定期的に行っていますが、本やレシピ動画の撮影なども不定期に行っています。6月にはアイスの本、7月には開運料理本、と続けて2冊のレシピ本が出版され、今年は撮影も多忙でした。今年2月にオープンした柔道の松本薫さんが携わるアイスクリーム店のレシピ監修もやっています。

ふわっとした夢だけではダメ！

Q5. お菓子研究家にとって必要なこととは？どういう人が向いていると思いますか？

——ある程度「情熱」がないと厳しいと思います。華やかに見えますが、準備が大変な体力仕事なので、ふわっとした夢だけでは難しいんです。「これが好き。これがやりたい！」という強い意志が必要ではないでしょうか。「お金」だけを追いかけていてはできない仕事です。

**Q6. 男性の作るお菓子と女性が作るお菓子に違い
はあると思いますか？**

──女性の方が細かいところに気が付くし、女性ら
しい柔らかさが味にも表れると思います。

どちらが良い悪いではなく、好みだと思いますが、
男性の作るお菓子は味も男性っぽくパキッとしてい
る気がします。それはそれで素敵ですが、男性が「美
しい」「綺麗」なお菓子を作るのに加え、女性はそ
こにさらに「可愛い」のエッセンスも足せるのでは
ないかと思っています。

**Q7. この道を目指している女性へ向けて、一言メッ
セージをお願いします。**

──基本、「好き」であることです。自分の努力が
活かされる世界ですが、女性には体力的にきつい仕
事なので、決して無理をしすぎてはいけません。無
理したからと言って早道にはならないのです。体を
壊して消えてしまった人も沢山います。他人と同じ
土俵で戦おうとするのではなく、頂いた仕事に感謝
し、長期戦で考えられる人が向いています。個人の
感性を磨いて自分らしいものを追求すれば、楽しん
でできる仕事だと思います。

キャラメル・ショコラ
キャラメルブリュレ入りの芳醇なチョコレートムース
に、カリカリした食感のヘーゼルナッツのフィヤン
ティーヌ、薄力粉不使用のチョコレート生地で構成。チョ
コ好きにはたまらない濃厚で高級感あふれる逸品。

木村 幸子　*Sachiko Kimura*

洋菓子研究家。青山にて「洋菓子教室トロワ・スール」主宰。
洋菓子店や企業などへの商品開発やレシピ提供、TV・雑誌、web での監修・出演・コー
ディネートに多数携わる。グルテンフリーや低糖質、はちみつを使用した体に優しいメ
ニューのレシピ開発・監修の実績多数。最近では東京富士大学内にある「Darcy's-Guilt
Free Ice Cream Labo」のレシピ監修を行う。2012 年 2 月に「最大のチョコレートキャ
ンディーの彫刻」の分野にて、ギネス世界記録のお菓子の製作、世界記録と認定される。
著書『憧れのゴージャスチョコレシピ』『悪魔のご褒美デビルサンド』『保存容器と電子
レンジでできる　体に優しいアイスクリーム＆シャーベット』（主婦の友社）他多数

ワクワクした
思いが込められた、
心温まるお菓子たち

お菓子教室 Sur un Nuage を運営しつつ、工房でケーキや焼き菓子を製作・販売する、お菓子研究家、安福茂子さん。教室の名前の意味は「雲の上」。フランス語で「ワクワクする気持ち」を表しているそう。繊細なアイシングクッキーは、今や数ヶ月待ちという大人気ぶりです。

フランス好きが高まり、仕事に…

Q1. この仕事についたきっかけは？
——小さい頃から母がクレープやプリンなどのおやつを作ってくれていて、手作りのお菓子の美味しさを実感していました。母の影響でお菓子作りに興味があったので、OL時代に趣味で夜間のル コルドンブルーに通っていたのですが、勉強しているうちに、その奥深さにはまりました。郷土菓子研究家、並木麻輝子先生のスイーツの講座などにも出ているうちにフランスに興味がわいてきて、フランスのリッツエスコフィエに短期留学。地方で食べ歩きなどもしているうちに、これを仕事にしたいと思うようになりました。

Q2. 現在に至るまで、どのような勉強や経験を積まれてきたのでしょうか。
——リッツ以外、東京都洋菓子学園や今井美奈子お菓子教室分室で勉強したり、ダロワイヨ（※老舗フランス菓子店）で販売の経験もしました。ダロワイヨはケーキの名前なども全てフランス語なので、とても勉強になりました。

結婚しても、家で続けられる仕事

Q3. お菓子教室を開いたきっかけは？
——フランス留学中、ホームステイ先のママの知り合いから、お菓子を教えてほしいと言われ、教えていたのですが、それがとても楽しかったんです。あ、もしかしてこれを仕事にできるかも、と思いました。日本に帰ったら知り合いからも教えてと言われ、ちょうど結婚したタイミングでもあり、家でできる仕事として結婚後もやれるのではないかと思い、踏み切りました。

Q4. お仕事の中で、魅力ややりがいを感じるのはどんな時ですか？
——お客様から嬉しい感想をいただいたり、箱を開けたときの驚きの表情を目にする瞬間です。自分だけのオリジナルの作品を「こんなの見たことない」と褒めていただくと、頑張ってよかった、と、この仕事にやりがいを感じます。

シャインマスカットのタルト
甘くて美味しい旬のシャインマスカットを贅沢に使用したタルト。皮ごと食べられるためタルトに向いているシャインマスカットを使った、お菓子教室でも人気のメニュー。豪華な見た目ですが、作るのは意外と簡単。

バタークリームフラワーケーキ
コリアンスタイルのバタークリームフラワーケーキ。キャロットケーキにツヤツヤのバタークリームでひとつずつ丁寧に絞ったお花を飾ります。淡く美しい色合いと繊細な技術にひとめぼれして以来、心を掴まれているケーキ。

アイシングクッキー
粉砂糖と卵白に食用色素で色を付けたロイヤルアイシングクリームを使い、クッキーに絵を描くようなイメージで作るアイシングクッキー。文字入れや好きなアイテムで自由な作品が出来るので、メッセージ性の高い贈り物になります。

Q5. 最近の主な活動を教えてください。

——アイシングクッキーの販売が主ですが、カフェにクッキーを卸したり、今年で13年目になるお菓子教室やアイシングの講座など。

毎月第三日曜に開かれる大田区池上本門寺朝市では、不定期にお菓子を売っていますが、地域の方と直接触れ合える機会なので楽しいです。

アイシングクッキーは、結婚式の引き出物などお祝いごとをはじめ、企業様のロゴなど、様々な注文があります。

強い「好き」の気持ちが夢を叶える

Q6. お菓子研究家にとって必要なこととは？どういう人が向いていると思いますか？

——ひとつのお菓子に対して、何時間でも話せるような、強い「好き」の気持ちや、「情熱」をもてることでしょうか。誰でもなれる職業だからこそ、普通の人以上の「気持ち」が大切だと思います。

Q7. 今後の夢や、やってみたいことはありますか？

——今後は、コリアンスタイルのフラワーバターケーキを究めていきたいです。

韓国のフラワーケーキは日本のものとは全く違います。作り方や力の入れ加減、色の付け方、すべてが繊細で、口金の種類も多く複雑だし、作っている人口も多い。

韓国に2回レッスンを受けに行きましたが、今後この世界にもハマっていきそうです。

Q8. この道を目指している女性へ向けて、一言メッセージをお願いします。

——思うものが作れなかったり、壁にぶつかったりと大変な時もあると思いますが、美味しいお菓子を食べた時の幸せ感や、作ってあげて喜んでもらえた時の気持ちなど、ワクワクしていた思い出を忘れずにいれば、頑張れる勇気になります。

安福 茂子
Shigeko Yasuhuku

OL時代にお菓子作りの楽しさと奥深さに目覚め、今田美奈子お菓子教室分室、ル・コルドン・ブルー、東京都洋菓子学園、パリのリッツ・エスコフィエなどで製菓を学ぶ。2006年から東京都大田区の自宅にて、お菓子教室 Sur un Nuage（スュール・アン・ニュアージュ）を主宰。世田谷区上野毛の焼菓子店勤務を経て、2015年より菓子製造業を取得し、工房を設ける。丁寧に作られるオーダーメイドの焼菓子、ケーキには定評があり、地元、大田区池上本門寺朝市への出店や、口コミ、SNSなどの評判で徐々に注文が増えるように。特に人気なのは、お祝い事やイベント時に贈るアイシングクッキーの入った焼菓子セット。

アレルギーの人も
皆で一緒に食べられる
そんなケーキを作りたい！

普通のケーキが食べられないアレルギーの人にも、美味しく食べてもらえるケーキを作りたい！その一心で作り始めた「ロースイーツ」。ロースイーツの第一人者、立石博美さんがロースイーツに目覚めたきっかけを伺いました。

「ロースイーツ」とは、卵・小麦粉・乳製品・白いお砂糖を使わず、48℃以上の熱を加えずに作るスイーツのこと。立石さんがロースイーツの世界に足を踏み入れたのは、「ロースイーツ」はもちろん、「ローフード」という言葉さえ、まだ日本ではあまり認知されていなかった10年ほど前のことでした。

きっかけは、ダイエットに成功した友人と会った時に聞かされた、意外なひとこと。
「私は痩せたことより、健康になれたことの方が嬉しいの。」自身もアレルギー疾患や気管支炎などに悩んでいた立石さんは、その言葉にハッとして、彼女のダイエット方法を尋ね、その時に教えてもらったのが「ローフード」。生きた食物酵素を体内に摂り入れるため、生の野菜や果物、海草などを48度以下で調理したものを頂く食事法でした。

「ローフード」から
「ロースイーツ」へ…

そこから、立石さんの「ローフード生活」がスタート。朝はスムージーを飲むのを習慣にしたり、生野菜を意識的に摂ったり、お肉を減らしたり、食べる順番に気をつけたり、と食生活全体を改善し始めます。

「ロースイーツ」を作り始めたのは、単純に「スイーツが好き」だったから。
「元々フレンチのスイーツが好きで、勉強していました。」が、実際アメリカ人に本場のロースイーツを習ってみると、ざっくりしたレッスンで、見た目もいまひとつ。
「自分ならもっと美味しく綺麗に作れるかも」と

いう思いが、むくむくと湧いていきます。

　時代は、ちょうどローフードブームはしりの頃。ハリウッドのスターやモデル達がこぞってローフードをはじめ、日本でも女性誌などで特集を組まれるようになっていました。

　立石さんもオリジナルのローケーキをパーティーなどに持っていくと皆に喜ばれ、「これがロースイーツ？！」と美しさと美味しさに驚かれ、「教えて」と言われるように。

　そんな周囲の反応から立石さんは、「馴染みの薄いロースイーツだからこそ、まず食べて美味しさを知ってもらい、それから健康について話せば、より興味をもってもらえるのでは」と考えます。

　タイミングよく、代官山のローフードレストランで、スイーツ担当を頼まれ、ロースイーツを作るように。そしてその経験をもとに、次は目白で自身のお店をオープン。

　まずはヴィーガンランチを提供し、ローフードに興味をもってもらってからスイーツも食べてもらおうと、ローフードとロースイーツのカフェにしたのですが、自分的に消化不良。もっときちんとロースイーツを食べて欲しい！　という思いが止まりません。そこで今度は、赤坂にロースイーツ専門のカフェを作ります。

ローケーキを
必要としている人へ届けたい…

　赤坂でお店をやる一方、全国からのロースイーツの発注にも対応していましたが、何しろ店の経営が忙しく、肝心のケーキ作りがままならない、というジレンマに陥ります。

　そしてはたと気付いたのは、自分はお店を経営するより、普通のケーキが食べられず、ロースイーツを切実に必要としている人たちの大切な日に、ケーキを届けて喜んでもらいたいのだ、という熱い思い。

シャインマスカットのヴィーガンケーキ　米粉のスポンジ生地にロークリームを合わせて米粉のビスキュイとシャインマスカットを飾ったヴィーガンケーキです。

ブルーマジックローケーキ　ホワイトローカカオのケーキを藻から取った天然のブルーの色素で華やかにデコレーションしました。

キャンディナッツのロータルト　低温でキャラメリゼした生のナッツをたっぷりのせたロータルトです。フィリングにはノンカフェインの穀物コーヒーを使いました。

抹茶のローモンブランタルト　オーガニック抹茶とスーパーフードたっぷりなクリームをモンブラン風にデコレーションしたタルトです。

早速店をクローズし、2017年8月、逗子に工房を開きます。自宅は都内なのに、何故わざわざ逗子に工房を建てたのでしょう。

「レッスンの依頼があった時に何度か通っていて、湘南いいなぁ、住みたいなぁという気持ちはありました。物件を探すに当たって、もし工房を湘南に構えたら気持ちよくお仕事が出来るのではないか、と思ったのです。スイーツ作りは気持ちの部分も大切で、作品にも出るので」。

そこからは、とんとん拍子で決まりました。

現在の活躍ぶりを見れば、その判断が正しかったことは、一目瞭然ですね。

スペシャルな時に
みんなで食べられればいい

「パリなどにも視察に行きますが、毎回感じるのは、日本人の味覚や技術の高さ。素晴らしい素養があるので、もっと日本でローフードやロースイーツが広がって行けばよいのに、と思う」

かといって、日々の生活をローにしろと言っているのではない、と続きます。

「ロースイーツは生のナッツや特別な素材を使うので、どうしても価格が高くなってしまう。なので、無理に日常使いのケーキにするのではなく、お誕生日や記念日などスペシャルな日に、アレルギーの人もみんなと一緒のものを食べてお祝いができる、そんなケーキがあればいい、と思うのです」

ケーキは、食べなければ生きていけないものではなく、嗜好品。なので、「大事なのは、まず美味しさ。そして美しさです。」ときっぱりと答える立石さん。

最後に、「パティシエール」という存在について聞いてみました。

「この仕事、女性には向いていると思います。女

アニマルローケーキ（わんこ・くま・うさぎ）
中はホワイトカカオクリーム＆ラズベリー。カカオは使わずにキャロブ
（イナゴマメパウダー）でお子様にも優しい素材でつくりました。

Mii のローガトーショコラ　お店 OPEN 前より作り
続けている Mii のスペシャリテ。オレンジピールが
香るリッチで濃厚なローガトーショコラです。

ラズベリー＆ローカカオのケーキ　ローカカオと
ラズベリーの 2 層のフィリングに国産無農薬にこだ
わった 3 種のベリーでデコレーションしました。

性は一般的に甘いものやデザートが大好きですよね。美味しいスイーツを食べるだけで嬉しくなる気持ちや、デザートの大切さ、甘いもので気持ちが上がる共感。こういうことが大事だと思うのです。何よりケーキを好きな人が続けられる仕事だと思いますから。」

そして「パティシエやお菓子研究家を目指している方には、ヴィーガンスイーツも是非知ってほしい。」というのが、立石さんの願い。

「乳製品や小麦粉を使わずにどうやってケーキを作るの？と最初は思うかもしれませんが……作れるのです。」

たおやかに微笑む彼女を見ていると、ロースイーツは体も心も美しくしてくれるということが、わかります。

現在の華やかな活躍ぶりは、自身がアレルギーの苦しさやケーキを食べられる喜びを知っているからこそ。立石さんのロースイーツで救われるたくさんの笑顔は、これからも増え続けていくにちがいありません。

Raw ボールアソート　ローカカオで作った「ロートリュフ」やスーパーフードたっぷりの「ローエナジーボール」「ローブリスボール」「ローココナッツマカロン」の5種類の Raw ボールとソフトドライのきんかんをグラスに詰めました。

Mii 立石 博美　*Hiromi Tateishi*

子どものころからお菓子つくりが好きで、独学の後、イル・プル・シュラセーヌなどでフランス菓子の技術を学ぶ。ローフードに出会い、自身のアレルギーと喘息を克服したことから、「ロースイーツが食生活を見直してもらうきっかけになれば」とヴィーガンパティシエとして活動を始める。目白・赤坂でのローフードカフェ経営を経て、現在は逗子に工房を構え、オーダーケーキを中心にオンライン販売。プロのロースイーツパティシエの育成、ヴィーガンスイーツのメニュー開発サポート、各種イベントを開催など、幅広く活躍中。

カナダで出会った
ローチョコを
日本でも食べたい想いが
原動力に

白砂糖や乳製品を使わず、48℃以上加熱せずに作るローチョコレートは、カカオの栄養をそのまま摂れるパワーフード。そんなローチョコを日本に広めたと言われるちょこれこさんこと狩野玲子さんに、お話を伺いました。

日本発のローチョコレートブランド ChocoReko を立ち上げた狩野さんが「ローチョコレート」と出会ったのは、ワーキングホリデーでカナダに滞在していた 2005 年の頃。当時カナダではローフードやロースイーツが流行っていて、狩野さんもヨガスタジオに通う中、隣接しているオーガニックカフェで、自然とロースイーツを口にするようになったと言います。

「初めてローチョコを食べた時は、今まで食べたことのない味わいに驚きました。」
当時のローチョコレートは現在のようなタブレットや型抜きはなく、カカオをドライフルーツやナッツと一緒に丸めた、今で言う「ブリスボール」だったといいます。
日本に帰ってからもその味が忘れられず探し回りましたが、どこにも売っておらず、原材料もありません。それでも諦めきれず、「海外の友人に頼んで材料を手に入れては、作っていました。」

型から抜けた時の喜びは
今でも忘れられない…

食べたい一心で作った、日本では買えない貴重なローチョコレート。
「せっかくなのでと、ヨガの教室などに持って行っ

バレンタイン前など期間限定で販売のボンボンショコラ。人気のフレーバーを食べ比べできるギフトボックスなど数種販売。

当時 3 歳の長女を連れてのカナダ、バンクーバーでのローチョコレートワークショップ。日本人とカナディアンの味覚の違いも体感できた貴重な体験。

て配ったら、美味しい！　教えて！　と言われるようになって。」周りからのラブコールで、ローチョコレートのワークショップを開催するようになります。教えながらも、さらに自分の理想とするローチョコレートを作れるよう、ブラッシュアップする日々。

「普通のチョコのような可愛い型のローチョコを作る方法を知りたくても、当時は日本語での情報はありません。とにかく自分で作りながら探っていく

特許出願中の新商品ニブローカカオ。生のカカオをロー
フード製法で乾燥させ、身体に美味しいこだわり素材で
味付けした新感覚のローチョコレート。

オーナー自らデザインしたオリジナルの型に天然素材で
カラフルに色付けしたローチョコレートは、ギフトにも
大人気。

しかなくて。」

　普通のチョコレートなら簡単にできることでも、材料の違うローチョコレートではうまくいかず、試行錯誤の毎日だったと言います。

　「型からチョコを抜く、という単純なことすらどうしても出来なかった。初めて抜けた時の感動は忘れられません。」まさに、情熱と努力の勝利。

　菓子製造業の営業許可をとるきっかけとなったのは 2011 年、お子さんが 1 歳になる頃。育休が終わりかけていた時でした。

　会社に戻って今までのように半分趣味でローチョコレートのワークショップを続けるか、それとも本格的にローチョコレートを仕事にするか。しかし、考えるよりも先に心に従って行動してしまうのが、狩野さん。「まだ何も決まってないのに、工房を借りてしまったのです。」

　そうとなると、このまま突き進むしかありません。

　国内ではまだ、菓子製造業許可をとってローチョコレートを作っている人がいなかった時代。ニッチな市場の中で、狩野さんのローチョコレートは宣伝せずとも口コミでどんどん広まっていき、オンラインショップでの注文もうなぎ昇りに増えていきます。そしてあっという間に「ローチョコレート＝ChocoReko」というほど、ローチョコレートの世界でのカリスマ的存在となっていったのです。

手に取ってもらいたいから、見た目も大切

　「健康面だけに特化していたら広がらなかったと思う。普通の人が食べて美味しいと思って原材料を見て、あ、これローチョコなんだ！と、興味をもってもらえたらと。まずは先入観なく手にとってもらいたいから、見た目にもこだわっています。」

　狩野さんのローチョコレートが美味しいだけでなくインスタ映えするルックスでもあるのは、そんな

想いがあるから。蝶やお花を模ったボンボンショコラはもちろん、割チョコタイプのベーシックなプレーンタブレットさえ独特のオリジナルの模様が映えて、うっとりするような美しさ。

　ちなみに、今最も尽力を注いでいるという特許出願中の「Nib Raw Cacao（ニブローカカオ）」は、キュートな試験管型の容器入りです。生のカカオ豆をローフード製法で味付けした、夏でも美味しく食べられる念願の「溶けないローチョコレート」は、健康面、可愛らしさとも今までにないもので、業界でも注目を集めています。

今後の目標は、
おうちショコラティエ

　そんなローチョコレートの唯一のネックは、コストがかかること。エクアドル産の希少な古来種のフェアトレードの有機カカオをメインに、未精製の有機パームシュガー、天然の厳選素材による色づけ。健康にも味にもこだわった原材料は、想像以上の高級食材尽くしです。

　しかし狩野さんは、「作る人が増えていけば、原材料費ももっと下がり、みんながさらに作りやすくなると思います。」

　カカオの輸入も供給が増えれば価格が下がってスーパーにも置かれるようになり、海外のように卓上で作れる個人用のチョコレートメーカーが売られる日もくるかもしれない、と言います。

　「だから、今後の目標は、《おうちショコラティエ》。しばらく開催していなかったけれど、4月くらいから、お教室もまた再開しようと思っています。」

　と、頼もしい言葉で締めくくる狩野さん。その言葉を待ち続けていたファンには、なんとも嬉しいお知らせです。

　そして「おうちショコラティエ」が増えていけば、私たちがもっと気軽にローチョコレートを食べられる日がくる未来も、そう遠くないかもしれません。

Choco Reko
Raw Chocolate

狩野 玲子　*Reiko Kano*

4人姉妹の次女として浦和市(現さいたま市)で生まれる。2005年にカナダでローチョコレートに出会い、帰国後もその美味しさが忘れられず、ローチョコレートを作り始める。最初は自分用に作っていたチョコレートが友人内で評判になり、2009年よりロースイーツとローチョコレートの教室を開始。2012年よりChocoRekoオンラインショップ（www.chocoreko.com）オープン、製造業も本格始動。2015年に双子男子を出産。
オーナーショコラティエとして日々精進中。

スイーツと
お皿の
オシャレな関係

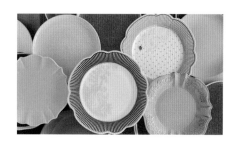

スイーツを美味しそうに

オシャレに見せたい時

どんなお皿を選んだらいいのでしょう？

色のレッスンのために用意した

お皿を総動員して

スイーツとの相性を考えてみました。

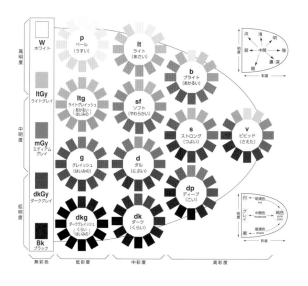

PCCSトーン図で色の整理

　PCCSトーン図は、色の明度（明るさの度合い）を縦軸に、彩度（鮮やかさの度合い、色の飽和度）を横軸に色を分類しています。左端の白、グレー、黒は明度段階のみで整理でき、縦一列に並べられます。それ以外の色は右側に整理されていますが、白、グレー、黒と違い、11個の色相環（色＝色相を円状にしたもの）が縦軸だけでなく横軸も意識して配置されています。また、色相環の中の色の配置にも決まりがあり、黄色が上、その対角線状に青紫、左に赤、その対角線状に青緑が配置されて、その他の色の配置も11個の色相環全部に共通しています。

　ひとつひとつの色相環にはvトーンやbトーンなど名前がついています。vトーンを起点に左上方向〜白に向かう3つのトーンは明清色で濁りのない明度の高い色のグループです。左下方向〜黒に向かう3つのトーンは暗清色で濁りのない明度の低い色のグループです。vトーンの左側の4つのトーンはグレーが含まれる濁色（または中間色）のグループです。

　用意したスイーツの色をトーン図に当てはめて、分類してみましょう。バナナマフィンとチョコレートケーキの土台は濁色（中間色）のsfトーンやdトーン、苺ショートは白＋vトーン、スポンジ部分はbトーンなり白を含む明度の高いゾーンです。チョコレートケーキのチョコレート部分はかなり黒に近いdkgトーンと白。マカロンはltトーンやpトーンです。

カラボレーション
鳥沢 久美子
Kumiko Torisawa

外資系損害保険会社での社員教育研修業務を経て、1991年カラリストライセンスを取得。1998年より食の専門学校で時代変化を捉えながら食と色の関係を教えている。2002年 さまざまな業種、職種、分野とのコラボを目指し、カラボレーションを設立。「彩り豊かな人生とビジネスを」をテーマにブランドを成長させたい企業から個人を対象にカラー＆テイストをブランドにしみ込ませるコンサルティングやレッスンを東京・関西・福岡で開催している。
https://www.colorboration.com/

苺ショート　　*Strawberry Shortcake*

苺ショートは赤い苺がチャームポイント。まずはクリームに合わせた白いお皿、次に苺とお揃いの赤いお皿、スポンジ部分の反対色に近いターコイズブルー、そして苺とクリーム、スポンジの反対色を全部取り込んだピンクドットとブルーストライプのお皿に載せました。白では寂しく、赤ではお皿の色が強すぎ、ターコイズブルーのお皿はクリームの白さを失わせ、ナチュラルな刷毛目デザインもエレガントなクリーム絞りにマッチしていません。結果、全部を取り込んだ右下の柄入りのお皿が一番苺ショートの可憐さを引き立てています。

バナナマフィン　　*Banana Muffin*

バナナマフィンはバナナと同じ黄色、オーキッドピンク、反対色のターコイズブルー、グレーに合わせてみました。バナナマフィンは単色で飾りのない素朴なスイーツなので、単色のシンプルなお皿をセレクト。上の2枚は色違いの厚手の陶器、左下のオーキッドピンクは上の2枚よりは薄手で光沢のある磁器、右下のグレーは厚手の陶器です。黄色はおやつ感が出て楽しい感じになりました。オーキッドピンクはお皿の方が気取りすぎているように感じ、ターコイズブルーは互いの色を引き立て、ナチュラルな刷毛目も苺ショートとは違って、素朴なマフィンにマッチします。しかし、敢えて選ぶならグレーに少しデザインのある厚手のお皿が今どきのカフェっぽい仕上がりになり、自宅のおやつをカフェスイーツに変身させてくれました。

チョコレートケーキ　*Chocolate cake*

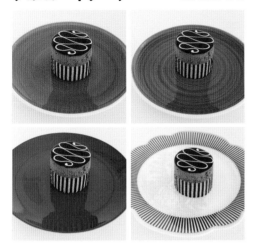

　チョコレートケーキには土台のチョコと同系色のブラウン、反対色のブルー、大人っぽいパープル、黒ストライプにゴールドの縁取りのあるお皿をセレクト。ブラウンとパープルのお皿は厚手の陶器、ブルーは薄手の磁器、デザインのあるお皿も磁器です。チョコレートケーキ自体のデザインがモダンでスタイリッシュなので厚ぼったいお皿よりすっきりとした薄手のお皿の方が似合うだろうと考えて薄手を2枚セレクトしましたが、ストライプ部分はシャープなのにケーキトップに描かれた丸い螺旋がエレガントさを醸し出しているので、ブラウンやブルーよりもパープルにマッチしました。しかし、総合的には黒ストライプにゴールドの縁取りのあるお皿がケーキデザインのストライプ柄とリンクし、螺旋柄がお皿の縁取りとリンクしたので、このスタイリッシュでエレガントなケーキを一番引き立てています。

マカロン　*Macaron*

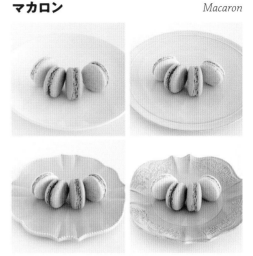

　最後は、ピンク、ベージュ、淡い黄色、黄緑のマカロンです。マカロンは敢えて異なる色を選び、カラフルだけど鮮やかではない感じにしました。お皿も彩度を抑えた白、淡いピンク、ライトグレー、グレイッシュブルーと彩度を抑えた静かな色です。白と淡いピンクが厚手の陶器、グレーは薄手の磁器、グレイッシュブルーはデザインで立体感を持たせた陶器です。白はヘルシーで明るい印象でマカロンがあっさりした味に感じます。淡いピンクはピンクのマカロンにリンクし、デザインもマカロンのかわいらしさに合っています。グレーはオシャレだけれどちょっと冷たい感じになってしまいます。グレイッシュブルーの凝ったデザインのお皿がマカロンのピエ（フリル状にはみ出した生地の部分）の立体感に合っています。淡いピンクのお皿かグレイッシュブルーの立体的なお皿か…伝統的手法で作られた上質なスイーツというところが感じられるグレイッシュブルーのお皿をベストチョイスにしました。

私のお皿選び　*Choose your favorite dish*

　左はスタイリッシュ、モダン、エレガント、シックといったデザインのスイーツに合わせやすいクールな表情を持つお皿です。右はカジュアル、ナチュラル、キュート、ヘルシーなデザインのスイーツに合わせやすいウォームな印象のお皿です。これらのキーワードはお部屋のインテリアや服装の好みなどとも共通するので、それに合わせたコレクションをするとインテリアとファッション、食空間を一緒に楽しむことができ、お勧めです！

COLUMN

Column

「パティシエール」の活躍に見る
製菓業界の変化と未来への可能性

Rio Hiraiwa　　平岩理緒（スイーツジャーナリスト）

マーケティング会社を経て製菓学校で学び独立。国内外の菓子情報を TV や雑誌、WEB で発信。商品開発支援、司会、審査員、講演など幅広く活動。情報サイト「幸せのケーキ共和国」主宰。『厳選スイーツ手帖』『厳選ショコラ手帖』（世界文化社）監修他、著書複数有り。

この 10 年程の間に、日本はもちろん、海外も含めたパティスリー業界では、女性の菓子職人が増え、大いに活躍しています。フランスで 2 年に一度開催されてきた菓子業界最高峰のコンクール「クープ・デュ・モンド・ドゥ・ラ・パティスリー」は、2019 年 1 月に 30 周年となる第 16 回大会を迎えましたが、日本代表チームでは初の女性選手が出場し、注目されました。海外ではより早く、たとえば 2001 年に「クープ・デュ・モンド・ドゥ・ラ・パティスリー」でアメリカチームのキャプテンを務めて優勝したエン・ミン・スー氏は、現在も様々な形で製菓業界の発展に尽くしています。

「パティシエブーム」が興隆したと言われる 1990 年代以降、小学生に聞く「なりたい職業」アンケートで、特に女児の上位には、決まって「パティシエ」が挙がります。製菓学校の学生にも女性が増え、私自身が 2007 年に入学した際も、学年の半数以上が女性でした。現在、講義を担当する学校でも、7-8 割が女性というクラスも珍しくあり

ません。「パティシエ」は男女問わず菓子職人の意味ですが、特に女性を指す「パティシエール」という言葉が浸透してきたことも、時代を反映しています。

パティシエの仕事に、女性の感性が生きる場面は数多くあります。よく、女性は共感性が高いと言われますが、菓子店の仕事は共同作業であり、円滑なチームワークを築くことのできる女性がいたら、職場の雰囲気が明るくなります。また、お菓子を購入するのは圧倒的に女性が多いので、お客様の気持ちを細やかに汲むことのできるパティシエールやヴァンドゥーズ（販売員）がいるお店には、何度も訪れたくなります。男性であっても、一流のパティシエと呼ばれる方々の中には、必ず、そのような細やかさが見られます。

一方、女性が仕事を続けていく上で転機となるのが、出産と育児です。一般企業においても、産休・育休制度の浸透や保育園の整備など、様々な課題がありますが、職人の世界には、より高いハードル

があります。一流の職人を目指すには、生涯、飽くなき修練を重ねる過程が必要です。技術の習得を一時的に保留し、改めて現場復帰するにも、育児をしながら限られた時間内で研鑽を積むにも、人の何倍も努力をしなくてはなりません。

しかし、この 10 年の間に、職人として技を磨き、オーナーシェフとして独立開業する女性達が増えました。その陰には、彼女達自身の多大な努力とともに、ご家族や、師匠や先輩や同僚達の理解と協力とがあります。ひと昔前は、パティシエ同士で結婚して自分達の店を持ったら、男性が製造、女性が販売を担当し、夫婦で切り盛りするというのが、典型的でした。けれど今は、適正に応じて、女性が製造、男性が販売を担当する店もあります。産休のために一定期間、休業という選択をするオーナーシェフもいます。そんな彼女達の元で育った若いパティシエ達が、男性も女性も自分らしく活躍できる、菓子業界の未来を支えていくのです。

三谷智恵シェフ

立教大学文学部フランス文学科卒。元々フランス好きでお菓子作りが趣味で、OL時代にお金を貯め、フランス リヨンへ語学留学。その後、ル・コルドン・ブルー パリ校にてフランス菓子の基礎を学ぶ。帰国後は本格的にお菓子作りの道へ。都内パティスリー2店舗で3年間修業後、再度パリに渡り、ル・コルドン・ブルー パリ校で製菓コース ディプロムを習得。「ピエール・エルメ・パリ」での研修などを経て帰国。在日フランス人学校があったためフランス人が多く住み、フランス好きの日本人が集まる地域でもある神楽坂で店を出したい、というかねてからの夢を叶え、2007年2月、会社勤めをしていたご主人と二人で「アミティエ 神楽坂」をオープン、現在に至る。

アミティエ 神楽坂
タルトレット・セゾン

タルトレットは1人分の小さなタルトのこと。セゾンは"季節"の意味で、その名のとおり、旬のフルーツ達が華やか！ 土台のサクサク生地には、香り高い発酵バターを使用。一度焼いてから、スペイン産マルコナ種アーモンドの風味豊かなクリームを詰めて再び焼き、より香ばしさを引き出します。表面に甘酸っぱいラズベリージャムを塗り、カスタードクリームと生クリームを合わせたクリームを絞ったら、彩り豊かな果実をバランスよく配して。

Emi Ishii

石井英美シェフ

東京都出身。大学卒業後、社会人経験を経て、エコールキュリネール国立（現エコール辻東京）に入学。同校フランス校へ進学したのち、フランスの都市アンジェの「ル・トリアノン」（現在閉店）、「ル・グルニエ・ア・パン」で研修。東京・吉祥寺「アテスウェイ」、渋谷「ヴィロン」を経て、「ラデュレ・ジャパン」で生菓子担当となり、退職までの2年間マカロン製造部門長を務める。2014年4月、目黒区・八雲に「アディクト オ シュクル」をオープン。2016年には、日本洋菓子協会連合会公認技術指導員に任命される。現在は店舗運営を行う一方、TVや雑誌、講習会などでも精力的に活動を行っている。共著に『タルトの発想と組み立て』（誠文堂新光社）。

アディクト オ シュクル
フレジエ *Fraisier*

アーモンド入りの生地に、さくらんぼの蒸留酒「キルシュ」とラズベリーの蒸留酒の香り華やかなシロップを軽く染み込ませて。間に挟むのは、卵の味豊かなバタークリームとカスタードクリームを合わせ、絹のように滑らかでリッチな風味の「クレーム・ムースリーヌ」。苺を縦向きに並べ、クリームの中に閉じ込めてからカットすると、このフォトジェニックな断面が現れます。表面も赤いベリー類のグラサージュで、シンプルかつ鮮やかな仕上げ。

齋藤由季シェフ

東京都出身。幼い頃からパティシエになるのが
夢で、食物科のある高校に通いながら都内パ
ティスリーにて研修。卒業後は代官山「シェ・
リュイ」、大泉学園「パティスリープラネッツ」
を経て、渡仏。モンペリエの2つ星レストラン
「ル・ジャルダン・デ・サンス」パティスリー
部門「サヴール・シュークル・ドゥ・ジャルダ
ン・デ・サンス」、リヨンのパティスリー・ショ
コラトリー「ルネ・モンテラ」で研鑽を重ねる。
帰国後、銀座「パティスリー・ミツワ」、自由
が丘「パリ・セヴェイユ」を経て、南品川「レ・
サンク・エピス」の立ち上げからシェフ・パティ
シエールを務める。2013年3月、出身地の玉
川学園前で同じパティシエであるパートナー、
久保雅彦さんとともに「パティスリーパクター
ジュ」をオープン。

パティスリー パクタージュ
グリオッティーヌ

一番上は、アーモンドに少量のピスタチオも加え薄く延ばしたマジパン。さ
くらんぼの柄は、「パイピング」という伝統的な職人技によるものです。淡
いグリーンのピスタチオババロアの中には、グリオットチェリーのコンポー
ト入り。ババロアにもコンポートにも、チョコレート味の生地にしみこませ
たシロップにも、さくらんぼの蒸留酒「キルシュ」がほんのり。酸味がキュ
ンとくるグリオットチェリーのジュレもアクセントとなった、大人向けの味。

Pâtisserie
Salon de thé Amitié

アミティエ　神楽坂
http://www.patisserie-amitie.com/

Patisserie
PARTAGE

パティスリーパクタージュ
https://www.patisserie-partage.com/

Addict au Sucre

アディクトオシュクル
http://addictausucre.com/

スイーツ関連情報一覧

- 青森県洋菓子協会　https://www.gateaux.or.jp/c/introduction/02-aomori.html
- 秋田県洋菓子協会　https://www.gateaux.or.jp/c/introduction/02-akita.html
- 旭川洋菓子協会　https://www.gateaux.or.jp/c/introduction/0l-asahikawa.html
- （一社）北海道菓子協会　http://www.hokkaido-kashi.jp/
- （一社）全国落花生協会　http://www.jpf.or.jp/
- （一社）愛知県洋菓子協会　http://www.aichi-yogashi.com/
- （一社）石川県洋菓子協会
    https://www.gateaux.or.jp/c/introduction/04-ishikawa.html
- （一社）大阪府洋菓子協会　http://osaka-cake.com/
- （一社）沖縄県洋菓子協会
    https://www.gateaux.or.jp/c/introduction/09-okinawa.html
- （一社）神奈川県洋菓子協会　http://www.kanagawa-yogashi.or.jp/
- （一社）熊本県洋菓子協会
    https://www.gateaux.or.jp/c/introduction/09-kumamoto.html
- （一社）埼玉県洋菓子協会　http://www.saitama-yogashi.jp/
- （一社）全国ビスケット協会　https://www.biscuit.or.jp/top.html
- （一社）ナチュラルスイーツパティシエ協会　http://naturalsweets.jp/
- （一社）日本アイスボックスクッキー協会　https://jibca.jp/
- （一社）日本アイシングクッキー協会　https://www.icingcookies.org/
- （一社）日本アイスクリーム協会　http://www.icecream.or.jp/
- （一社）日本おやつ協会　http://oyatsu-daisuki.com/
- （一社）日本果汁協会　http://www.kaju-kyo.ecnet.jp/MyPage/menu0.html
- （一社）日本カップケーキ協会　http://butterdrop.jp/
- （一社）日本ケーキデコレーション協会　https://www.cake-decoration.jp/
- （一社）日本シュガーアート協会　http://sugarart.jp/
- （一社）スイーツ協会　http://www.sweets.or.jp/
- （一社）日本乳業協会　https://www.nyukyou.jp/
- （一社）日本洋菓子協会連合会　http://www.gateaux.or.jp/
- （一社）日本養蜂協会　http://www.beekeeping.or.jp/
- （一社）日本卵業協会　http://www.nichirankyo.or.jp/
- （一社）兵庫県洋菓子協会　http://www.yogashikyokai.com/
- （一社）広島県洋菓子協会
    https://www.gateaux.or.jp/c/introduction/07-hiroshima.html
- （一社）北海道洋菓子協会
    https://www.gateaux.or.jp/c/introduction/0l-hokkaidoyogashi.html
- 茨城県洋菓子協会　https://www.gateaux.or.jp/c/introduction/03-ibaraki.html
- 岩手県洋菓子協会　https://www.gateaux.or.jp/c/introduction/02-iwate.html
- 愛媛県洋菓子協会　https://www.gateaux.or.jp/c/introduction/08-ehime.html
- 大分県菓子工業組合　https://www.kasien.jp/
- 大分県洋菓子協会　https://www.gateaux.or.jp/c/introduction/09-oita.html
- 岡山県洋菓子協会　https://www.gateaux.or.jp/c/introduction/07-okayama.html
- 小樽洋菓子協会　https://www.gateaux.or.jp/c/introduction/0l-otaru.html
- 帯広洋菓子協会　https://www.gateaux.or.jp/c/introduction/0l-obihiro.html
- 香川県洋菓子協会　https://www.gateaux.or.jp/c/introduction/08-kagawa.html
- 鹿児島県洋菓子協会　https://www.gateaux.or.jp/c/introduction/09-kagoshima.html
- 北見洋菓子協会　https://www.gateaux.or.jp/c/introduction/0l-kitami.html
- 岐阜県洋菓子協会　http://www.gifu-yogashi.jp/
- 京菓子協同組合　http://www.kyogashi.or.jp/
- 京都府洋菓子協会　https://www.gateaux.or.jp/c/introduction/06-kyoto.html

- 釧路洋菓子協会　https://www.gateaux.or.jp/c/introduction/0l-kushiro.html
- 群馬県洋菓子協会　https://www.gateaux.or.jp/c/introduction/03-gunma.html
- 公益社団法人 東京都洋菓子協会　http://yogashi.net/
- 高知県洋菓子協会　https://www.gateaux.or.jp/c/introduction/08-kohchi.html
- 佐賀県洋菓子協会　https://www.gateaux.or.jp/c/introduction/09-saga.html
- 札幌洋菓子協会　http://sapporo-yogashi.com/
- 滋賀県洋菓子協会　https://www.gateaux.or.jp/c/introduction/06-shiga.html
- 静岡県洋菓子協会　https://www.gateaux.or.jp/c/introduction/03-shizuoka.html
- 島根県洋菓子協会　https://www.gateaux.or.jp/c/introduction/07-shimane.html
- ジャパンスイーツクラフト協会　http://jsc-sweetie.com/
- 製粉協会　http://www.seifunky.jp/
- 全国飴菓子工業協同組合　http://www.candy.or.jp/
- 全国菓子卸商業組合連合会　http://www.jcwa.info/
- 全国菓子工業組合連合会　http://www.zenkaren.net/_l200
- 全国米菓工業組合　http://www.arare-osenbei.jp/
- 全国和菓子協会　https://www.wagashi.or.jp/zehttp://pcg.or.jp/
- 全日本菓子協会 ALL NIPPON KASHI ASSOCIATION=ANKA
    https://www.eokashi.net/anka/anka.html
- 千葉県洋菓子協会　https://www.gateaux.or.jp/c/introduction/03-chiba.html
- 徳島県洋菓子協会　https://www.gateaux.or.jp/c/introduction/08-tokushima.html
- 徳島県菓子工業組合　http://www.tokushima-kashi.com/
- 栃木県洋菓子協会　https://www.gateaux.or.jp/c/introduction/03-tochigi.html
- 鳥取県洋菓子協会　https://www.gateaux.or.jp/c/introduction/07-tottori.html
- 富山県洋菓子協会　https://www.gateaux.or.jp/c/introduction/04-toyama.html
- 長崎県洋菓子協会　https://www.gateaux.or.jp/c/introduction/09-nagasaki.html
- 長野県菓子工業組合　http://www.ngn.janis.or.jp/~shokuhin/Cake/
- 長野県洋菓子協会　https://www.gateaux.or.jp/c/introduction/03-nagano.html
- 奈良県洋菓子協会　https://www.gateaux.or.jp/c/introduction/06-nara.html
- 新潟県洋菓子協会　https://www.gateaux.or.jp/c/introduction/03-niigata.html
- 日本菓子協会 東和会　https://www.towakai.net/
- 日本菓子 BB 協会　http://www.kashi-bb.gr.jp/aboutus.html
- 日本ジャム工業組合　http://www.jca-can.or.jp/~njkk/
- 日本シュガーデコレーション協会　http://sugardecoration.or.jp/
- 日本チョコレート工業協同組合　http://www.chocolate.or.jp/
- 日本チョコレート・ココア協会　http://www.chocolate-cocoa.com/index.html
- 日本豆乳協会　http://www.tounyu.jp/
- 任意団体日本スイーツ協会
    https://fields.canpan.info/organization/detail/ll97222225
- 函館洋菓子協会　https://www.gateaux.or.jp/c/introduction/0l-hakodate.html
- 福井県洋菓子協会　https://www.gateaux.or.jp/c/introduction/04-fukui.html
- 福岡県菓子工業組合　http://fukkaren.jp/
- 福島県洋菓子協会　https://www.gateaux.or.jp/c/introduction/02-fukushima.html
- 三重県洋菓子協会　https://www.gateaux.or.jp/c/introduction/05-mie.html
- 宮城県洋菓子協会　https://www.gateaux.or.jp/c/introduction/02-miyagi.html
- 宮崎県洋菓子協会　https://www.gateaux.or.jp/c/introduction/09-miyazaki.html
- 山形県洋菓子協会　https://www.gateaux.or.jp/c/introduction/02-yamagata.html
- 山口県洋菓子協会　https://www.gateaux.or.jp/c/introduction/07-yamaguchi.html
- 山梨県洋菓子協会　https://www.gateaux.or.jp/c/introduction/03-yamanashi.html
- 和歌山県洋菓子協会　https://www.gateaux.or.jp/c/introduction/06-wakayama.html

Patissieres
Information

岡田 礼子　Ayako Okada
HP　http://www.dragee.jp
Instagram　https://www.instagram.com/drageetokyo
FB　https://www.facebook.com/Dragee13
撮影　高桑ちか

中村 仁美　Hitomi Nakamura
HP　maison-de-hitomi.jp
Instagram　@maison_ de_hitomi
撮影　鈴木美幸

金丸 佳子　Yoshiko Kanamaru
HP　http://cake-design-hane.com/

Yumi
HP　https://spsweet.wixsite.com/sugarprincess
Instagram　https://www.instagram.com/sugarprincess_cakes
Blog　https://ameblo.jp/sugarprincess-jp
撮影　増田えみ

中島 淑子　Yoshiko Nakajima
HP　www.undeux.jp
撮影　石井幸恵

平岡さち　Sachi Hiraoka
Instagram　https://www.instagram.com/atelier.mieux/
HP　https://ateliermieux.net/
Blog　https://ameblo.jp/s-magica/
撮影　STUDIO RGRAPH

木村 幸子　Sachiko Kimura
HP　http://www012.upp.so-net.ne.jp/Torowa-sure/main.html
Instagram　https://www.instagram.com/trois_soeurs/
Blog　https://ameblo.jp/troissoeurs/

安福 茂子　Shigeko Yasuhuku
HP　https://nuage.localinfo.jp/
Instagram　https://instagram.com/nuage_shigeko
撮影　鈴木ジェニー

Mii 立石 博美　Hiromi Tateishi
HP　https://www.latableduprimeur.com/
オンラインストア　http://www.raw-ice.com/
撮影　板野賢治

狩野玲子　Reiko Kano
HP　https://www.chocoreko.com/
Instagram　@ChocoReko
撮影　Tony Mori / 大塚純子

鳥沢 久美子　Kumiko Torisawa
HP　https://www.colorboration.com/

岩柳 麻子　Asako Iwayanagi（パティスリィアサコイワヤナギ）
HP　https://asakoiwayanagi.net/
撮影　工藤睦子

三谷智恵　Tomoe Mitani（アミティエ／神楽坂）
HP　http://www.patisserie-amitie.com/
撮影　工藤睦子

齋藤由季　Yuki Saitou（パティスリーパクタージュ）
HP　http://addictausucre.com/
撮影　工藤睦子

石井英美　Emi Ishii（アディクトオシュクル）
HP　https://www.patisserie-partage.com/
撮影　工藤睦子

草土出版について

「クラフト&フラワーvol.1〜4」、「人気作家のタッセル・カルトナージュ・インテリア茶箱」、「最上のおもてなし vol.1〜3」、「日本の行事食」（グルマン世界料理本大賞受賞）、「にっぽんの子ども食」、「CONTEMPORARY Art by IKEBANA Artists」等を発行。

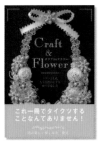

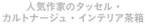

「クラフト&フラワー」シリーズ　既刊 Volume1〜4　2015年から好評発売中！

人気作家のタッセル・
カルトナージュ・インテリア茶箱

「最上のおもてなし」シリーズ　既刊 Volume1〜3
2017年から好評発売中！

「日本の行事食」（グルマン世界料理本大賞受賞）、
「にっぽんの子ども食」2019年10月発売！

クラフト&フラワー第1集〜4集　B5変型〜A4変型	本体定価1,800円〜2,200円+税
人気作家のタッセル・カルトナージュ・インテリア茶箱　A4変型　128ページ	本体定価　2,400円+税
最上のおもてなし 第1〜3集　A4変型　テーブルコーディネート実例集	本体定価　2,800円+税
日本の行事食　A4変型　沙和花 著	本体定価　1,680円+税
にっぽんの子ども食　A4変型　沙和花 著	本体定価　1,680円+税
きらめく女流作家たち第1〜4集 いけばな・フラワー アレンジメント作品集	本体定価　3,800円+税
草土花図鑑シリーズ 花図鑑1〜9　B5変型　350ページ　ビニールカバー付き	本体定価　3,150円+税
日本の花者 KAJIN　A4変型　豪華体裁 話題作！	本体定価　11,800円+税
世界のフラワーアーティスト2　A4変型　豪華体裁　272ページ	本体定価　13,800円+税
楽園を創造するガーデナーたち Green mind　B4変型　ハードカバー　239ページ	本体定価　5,000円+税
房総に暮らすイラストレーターのナチュラルライフ トカイナカに暮らす　A4ワイド判　112ページ	本体定価　1,680円+税

カバー写真
中村仁美作品より

人気パティシエールの極上スイーツ

個性あふれる8レシピと
73のこだわりスイーツ

The best sweets by the best patissieres

2020年1月31日　初版第1刷 発行
定価／本体1,800円＋税

発行人　白澤照司
発行所　株式会社 草土出版
　　　　東京都豊島区高田3-5-5
　　　　ロイヤルパーク高田206
　　　　TEL 03-6914-2995　FAX 03-6914-2994

発売元　株式会社 星雲社（共同出版社・流通責任出版社）
　　　　東京都文京区水道1-3-30
　　　　TEL 03-3868-3275　FAX 03-3868-6588

制　作　有限会社 J-ART
　　　　東京都新宿区下落合1-1-1
　　　　TEL 03-3367-2059　FAX 03-3367-2016

取材・編集協力
　　　　株式会社スイーツロータス　澤田美奈

印　刷　株式会社 博文社

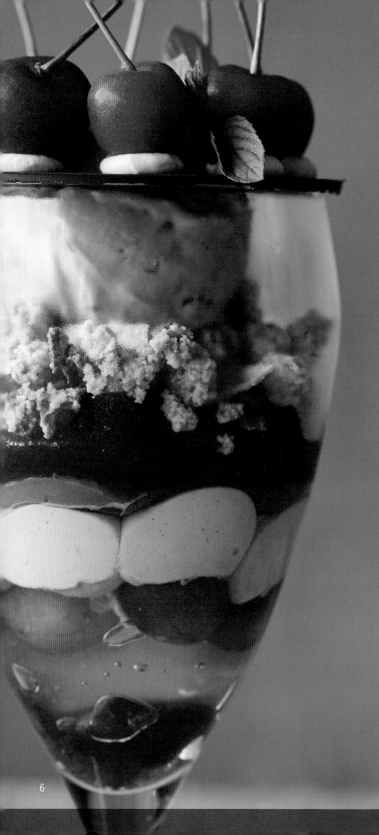

オープン以来、スイーツマニアを虜にし続けている超人気店

パティスリィ
アサコイワヤナギ

Contents

Delicious sweets,
the real taste!

人気パティシエールの極上スイーツ

個性あふれる8レシピと
73のこだわりスイーツ

The best sweets by the best patissieres

SODO

株式会社草土出版